Yüz Şiirlerin Yüzüğü

Abhijit Naskar, dünyanın ünlü Sinirbilimci Şairi, ve 100'den fazla kitabın Beğenilen Yazarıdır. Küresel uyum aktivisti ve ruh sağlığı savunucusu olarak, o, dünyaya bir barış ışığıdır.

Yüz Şiirlerin Yüzüğü

ABHIJIT
NASKAR

When Humans Unite: Making A World Without Borders
All For Acceptance
Monk Meets World
Mission Reality
Citizens of Peace: Beyond The Savagery of Sovereignty
Operation Justice: To Make A Society That Needs No Law
See No Gender
The Gospel of Technology
Every Generation Needs Caretakers: The Gospel of Patriotism
Aşkanjali: The Sufi Sermon
Mad About Humans: World Maker's Almanac
Revolution Indomable
When Call The People: My World My Responsibility
No Foreigner Only Family
Hurricane Humans: Give me accountability, I'll give you peace
Ain't Enough to Look Human
Servitude is Sanctitude
Time To End Democracy: The Meritocratic Manifesto
I Vicdansaadet Speaking: No Rest Till The World is Lifted
Boldly Comes Justice: Sentient not Silent
Good Scientist: When Science and Service Combine
Sleepless for Society
Neden Türk: The Gospel of Secularism
Martyr Meets World: To Solve The Hard Problem of Inhumanity
The Shape of A Human: Our America Their America
When Veins Ignite: Either Integration or Degradation
Heart Force One: Need No Gun to Defend Society
Solo Standing on Guard: Life Before Law
Generation Corazon: Nationalism is Terrorism
Mucize Insan: When The World is Family
Hometown Human: To Live For Soil and Society
Girl Over God: The Novel (Abi Naskar Adventures Book 1)
Gente Mente Adelante: Prejudice Conquered is World Conquered
Earthquakin' Egalitarian: I Die Everyday So Your Children Can Live
Giants in Jeans: 100 Sonnets of United Earth
Vatican Virus: The Forbidden Fiction (Abi Naskar Adventures Book 2)
Karadeniz Chronicle: The Novel (Abi Naskar Adventures Book 3)
Şehit Sevda Society: Even in Death I Shall Live

Handcrafted Humanity: 100 Sonnets For A Blunderful World
Mücadele Muhabbet: Gospel of An Unarmed Soldier
Making Britain Civilized: How to Gain Readmission to The Human Race
Dervish Advaitam: Gospel of Sacred Feminines and Holy Fathers
Honor He Wrote: 100 Sonnets For Humans Not Vegetables
The Gentalist: There's No Social Work, Only Family Work
Either Reformist or Terrorist: If You Are Terror I Am Your Grandfather
Woman Over World: The Novel (Abi Naskar Adventures Book 4)
High Voltage Habib: Gospel of Undoctrination
Bulldozer on Duty
Find A Cause Outside Yourself: Sermon of Sustainability
Ingan Impossible: Handbook of Hatebusting
Amor Apocalypse: Canım Sana İhtiyacım
Amantes Assemble: 100 Sonnets of Servant Sultans
Mucize Misafir Merhaba: The Peace Testament
Divane Dynamite: Only truth in the cosmos is love
Sin Dios Sí Hay Divinidad: The Pastor Who Never Was
Corazon Calamidad: Obedient to None, Oppressive to None
Esperanza Impossible: 100 Sonnets of Ethics, Engineering & Existence
Mukemmel Musalman: Kafir Biraz, Peygamber Biraz
Himalayan Sonneteer: 100 Sonnets of Unsubmission
Yarasistan: My Wounds, My Crown
The Centurion Sermon: Mental Por El Mundo
Her Insan Ailem: Everyone is Family, Everywhere is Home
Humankind, My Valentine: World's First Anthology of 1000 Sonnets
Aşk Mafia: Armor of The World
Vande Vasudhaivam: 100 Sonnets for Our Planetary Pueblo
Visvavictor: Kanima Akiyor Kainat
Sapionova: 200 Limericks for Students
Rowdy Scientist: Handbook of Humanitarian Science
Insan Himalayanoğlu: It's Time to Defect
Tum Dunya Tek Millet: Greatest Country on Earth is Earth
Either Right or Human: 300 Limericks of Inclusion
Yaralardan Yangın Doğar: Explorers of Night are Emperors of Dawn

Adanmışlık

Türkiye'nin yeni insanlarına adanmış.

İçindekiler

Bölüm 1

1.

Önce kalp,
Sonra kıyafet.
Önce masumiyet,
Sonra cumhuriyet.

Önce dostluk,
Sonra dualar.
Önce insanlık,
Sonra inançlar.

Önce vicdan,
Sonra vatan.
Önce barış,
Sonra bayrak.

Herşeyden önce insanız biz,
Ve tüm dünya bizim ailemiz.

Bölüm 2

2.

Senin ilerlemen için ben aşık oldum,
Senin hakların için ben savaşçı oldum.
Sorma artık canım benim ben kimim -
Gözlerimin içine bak, senin yansıman oldum.

Bizim dünyamız yeni bir dünya,
Bu dünyanın ruhu, vicdan.
Vicdan yoksa hepimiz canavariz,
Vicdanlı yürü ey cesur insan.

Aşktan başka din yoktur,
İnsanlıktan başka milliyet yok.
İnsan hayatı bir merhamet hikayesidir,
Merhamet yoksa hayat da yok.

Birbirimizin kahramanıyız biz, korkuyorsun neden!
Korkunu yakarak yoluna devam et, ey cesur insan!

3.

Her şey seninle güzel,
Çünkü sensin benim saadet.
Ben sana kurban oldum,
Hayatım artık sana emanet.

Camiye gittim, kiliseye gittim,
Hiçbir yerde ilahiyat bulamadım.
Sonunda ben karşında durdum,
Tüm ilahiyat sende gördüm.

Ben bir aşık fakirim,
Çok ayet öğrenmedim.
Ben sadece biliyorum ki,
Sen benim cennetimsin.

Yanındayım, her zaman yanında olacağım.
Seni terk etmeden önce, hayatı terk edeceğim.

4.

Mantıksal aşk aşk değildir,
Sarhoş aşıktan başka asker yok.
İnsan aşk için çılgın olmazsa,
Cennet gibi hayat bile hayat yok.

Bir kez, aklını feda et dostum,
Bir kez, tüm mantığı unut.
Gözlerini kapat, kalbinle bak,
Bir kez, aşk dışında her şeyi unut.

Aşkın gözyaşlarında ilahi bir derya var,
Gözyaşlarınla egonu iyice yıka.
Aşıkların kalp atışları insanlığın müziğidir,
Sevgiliyiz biz, bizim ailemiz, bütün dünya.

Doğru dünya doğru niyetin sonucudur.
Güneş gibi yan - her yerde ışık olur!

Bölüm 3

24

5.

Seni buldum,
Kalbimde yeni güç buldum.
Seni buldum,
Ruhumda yeni huzur buldum.

Seni buldum,
Cahil bir fakir şair oldu.
Seni buldum,
Korkak bir kalp kaplan oldu.

Herkes diyor ki,
Gerçek aşk çok acıyor.
Ama ben diyorum ki,
Aşk yarası âşığın süsüdür.

Seni buldum, ve her yerde umut buldum.
Cehennemin ortasında küçük bir cennet buldum.

6.

'Seni çok seviyorum aşkım!'
Bu itirafı duymak için ölüyorum ben.
Bunu neden türkçe söylüyorum, biliyor musun?
Çünkü yağmurda ağlarsa, farketmezsin.

İngilizce söylersem herkes öğrenecek ki,
Ben bilge falan değil, sadece zayıf bir insanım.
Senden saklayacak hiçbir şeyim yok,
Ne kadar güçlü olursam olayım, ben de biraz pişmanım.

Çok acıyor biliyorsun, bu yolculuk çok acı veriyor,
Ama dünyanın en güçlü insanı gibi davranmaya mecburum.
Bazen ben de tüm mücadelemden vazgeçmek istiyorum,
Bazen kendimi birinin kucağında biraz kaybetmek istiyorum.

Sonunda sırrımı öğrendin, onurum artık sana emanettir.
Onu görürsen söyle ona, aşksız şöhret sadece lanettir.

7.

Seni çok özlüyorum,
Ne zaman geleceksin ya!
Benim kafamı kırmaya,
Ne zaman bağıracaksın ya!

Ne olursa olsun hemen gel,
Sensiz hayat çok acıyor.
Gel, çıldırt bu bilim adamını,
Cansız akıllılık çok acı veriyor.

Senin için adımı kaybettim,
Senin için arzuları kaybettim.
Bir tek ruhum önemli vardı bana,
Senin için ruhumu bile feda ettim.

Hayat ne kadar zor olursa olsun,
Şair ben, yaralarımla yaşıyorum.
Ama ben artık şair olmak değil,
Sevgili olmak istiyorum.

Bölüm 4

8.

Gel, yanımda otur.
Nasıl istiyorsan, öyle olur.
İstemiyorsan konuşma, gerek yok.
Sen yanımdayken, sessizlik bile huzurdur.

Biliyorum, çok acıyor!
Biliyorum, bu dünya çok zalim!
Söylemeyi çok istiyorum, elimi tut!
Ama, yaralarının ilk ilacı sadece sensin.

Senin derdin benim derdim,
Her dert insana cesaret veriyor.
Bulutlar güneş ışığının habercileridir.
Bugünün acısı yarın tacı oluyor.

Hadi gel, burada otur.
Nasıl istiyorsan, öyle olur.

9.

Sana bir mektup yazmak lazım,
Fırsat bulursan biraz oku.
Ne kadar katlanacağım, bilmem ama,
Fırsat bulursan biraz oku.

Diyorlar ki, zaman her şeyi iyileştirir,
Ama benim durumumun hiç ilacı yok.
Fırsat bulursan gel, elimi tut biraz,
Sen yanımdaysan, sadece yaşam var, ölüm yok.

Dünya bana kahraman diyor, bilge adam diyor,
Ama bu kahramanın kalbi kıyamette yaşıyor.
Dünyanın zehrini defalarca içen,
Bu aşksız fakirin ruhu çok ama çok acıyor.

Okuyacaksın yoksa fırlatacaksın bilmiyorum,
Ama can olduğu sürece, ben seni bekliyorum.

10.

Bir damla yağmur için,
Bu kalp uzun zamandır bekliyor.
Bulutlar geldi, bulutlar gitti,
Parçalanan ruh daha da paramparça oluyor.

Paramparça olmak nasıl bir duygu,
Çok iyi biliyorum ben.
Bu yüzden, her derdimi,
Mutlu bir gülümsemeyle sakladım.

Karanlıkta bu kalp çok parlar,
Karanlık bize yolu gösterir.
Seviyorum söylemek çok kolay,
ama karanlıkta sevmek sadece
gerçek bir aşık için mümkündür.

Bölüm 5

11.

Aşkı aradım,
Acıları buldum.
Acıları terkettim,
Aşkı kaybettim.

Acıları aradım,
Aşkı buldum.
Acılara sarıldım,
Saadetimi buldum.

Aşk kıyamettir,
Aşk yani bereket.
Aşk ferahlıktır,
Aşk yani felaket.

Aşktan dertler doğar,
Aşktan doğar cevap.
Aşık olmak yani acıya dayanmak,
Aşk bozar hayatın her hesap.

Aşk acısı yalancıları ortaya çıkarır,
Aşk gözyaşları aşıklara güç verir.
Bu zalim ve kuru soğuk dünyada,
Aşk ateşi hayata sıcaklık getirir.

12.

Insan dertte olduğunda,
Sen ve ben yok, sadece biz varız.
Birbirimize destek olamıyorsa,
Biz insan değiliz, sadece hayvanız.

İnsan merhameti unuttuğunda,
Cennet, cehennem, hepsi aynı.
İnsan insanın acılarına ilaç olamıyorsa,
İnsan, hayvan, hepsi aynı.

Kalbin olduğu her yerde kader var,
Aşkın olduğu her yerde umut var.
Mücadelenin olduğu her yerde mucize var,
İnsanlığın olduğu her yerde ilahiyat var.

Dünyanın gözyaşlarını silmek için
gençliğimi bile feda ettim.
Çünkü insanların gülüşünde
ben kendimi kaybettim.

13.

Her an, herkese,
Her gün, her gece,
Ailen gibi bakmalı.
İnsan olarak doğdun,
İnsan gibi yaşamalı.

İnsanın hakikatini insan yazmalı,
İnsanın nasibini insan yazmalı,
İnsanın hikayesi insan yazmalı,
İnsanın ilacı insan olmalı.

İnsanı seven herkes resul,
Yardım eden herkes kraldır.
Bencil servet hayvanlara mübarek,
İnsan ben, kimliğim kral fakir.

Yazar olmak çok kolay
Yazar kalmak kolay değil.
Aşık olmak çok kolay,
Aşık kalmak kolay değil.

Yazarın en büyük gücü yaralardır,
Her kelime acı veriyor, yine de yazıyorum!
Hayat ne kadar zor olursa olsun,
Şair ben, yaralarla yaşamayı biliyorum.

Mutluluktan yaz, beş kişi arkadaşın olsun.
Yaralardan yaz, tüm dünya ailen olsun.

Bölüm 6

14.

Her yerde hayvan!
Her yerde kıyamet!
Yeter ya, ceset gibi uyumak!
Vakit geldi, insan gibi mücadele et!

Yine de eğer sen bana sorarsan,
Tek başına ne yapabilirsin!
Gerçekten istiyorsan, tek başına
dünyaya insanlığı öğretebilirsin.

Eğer istersen tek başına insanların
ağlamayı gülümsemeye dönüştürebilirsin.
Asıl soru, sen sorumlu bir insan mısın,
Yoksa insan görünümlü bir hayvan mısın!

Uyan kardeşim, her hayvanlığa cevap sensin.
Bu zor zamanda dünyanın yeni peygamber sensin.

15.

Evet, ben müslümanım, ama terörist değil,
Niye, her Amerikalı neonazi midir?
Nefret hayvanların niyetidir, ama,
Bir insanın niyeti aşk ve barıştır.

Benim için kimse kafir değil,
Çünkü, benim için merhamet inançtır.
Tanrı'ya inan, ya da inanma, farketmez,
Çünkü, sadece insanlıksız insan kafirdir.

Biz diyoruz 'su', onlar diyorlar 'water',
Ama su, susamış kişinin dinine bakmaz.
Benim için her iman gerçek ve eşittir,
Çünkü her şeyden önce biz insanız.

Hala nefret ediyorsan, senin nefretin sana mübarek.
Zor durumda olanlara yardım etmek, bir insanın ibadet.

16.

Bugün, biz dindar değiliz.
Bugün, biz sadece insanız.
Bugün, bütün siyaseti unuttuk.
Çünkü bugün, biz sadece insanız.

Bugün, biz entelektüel değiliz.
Çünkü bugün, biz insan olduk.
Bugün, beynimizde mantık yoktur.
Çünkü bugün, biz insan olduk.

Bugün, lükse hiç ihtiyacımız yok.
Çünkü bugün, biz insan olduk.
Bugün, sadelik en büyük zenginliktir.
Çünkü bugün, gerçekten insan olduk.

İyi biliyorum, o gün bugün değil.
Yolculuğa bugün başlayalım, yarın değil.

Bölüm 7

17.

Allah varsa yada varmasa,
bana önemli değil.
Ben sadece biliyorum,
insanların ilaçı insan olmali.
Ben insanlarda Tanrı'yı gördüm,
camide veya kitapta değil.

Insanlar benim cennet,
İnsanlara benim minnet.
Birbirimize destek olmak en büyük duadır,
Birbirimize yardım etmek en büyük ibadettir.

Benim adım insan,
İnsanlık benim iman.

18.

Ramazan Söz (Şiir)

Ramazan yani sabır,
Ramazan yani sevmek.
Ramazan yani saadet,
Ramazan yani rahmet.

Ramazan bize umut verir,
Ramazan yapar cesur.
Hadi gelin, bayram edelim,
Affedelim her geçmiş kusur.

Ramazan yani bir ilahi söz,
Rahmetten vazgeçmem, söz verdim.
Bu ramazan ve her ramazan,
İnsanın evine insana hoş geldin.

19.

Merhaba, İnsan ben!
Himalaya evladı,
O yüzden, soyadım,
Himalayanoğlu.

Bazıları bana şair diyo,
Bazıları diyo derviş.
Ben neyim, haberim yok ama,
İnsanız, insan gibi yaşarız.

Müslüman ol,
Hristiyan ol,
Yahudi ol ya da Hindu ol.
Ne istiyorsan ol,
ama herşeyden önce,
iyi bir insan ol.

Bölüm 8

20.

Herkes için ailesi dünyadır,
Ama benim için tüm dünya ailemdir.
Çünkü bir gerçek insanın hayatında,
Her duvar sadece kötü bir bedduadır.

Dünya Leyla ise ben sarhoş Mecnun'um,
Dünya Mecnunsa ben de Leyla'yım.
Nefret fırtınalarının ortasında,
Ben sadece aşkın çapasıyım.

Gerekirse dünyayı kalbimde saklayacağım,
Evsizlerin evi olmak kalbimin tek amacıdır.
Vatansızların evi olmak hayatımın tek amacı,
Sevdiklerimiz için savaşmak güzel bir şeydir.

Tekrar diyorum, dünya benim sorumluluk benim.
Bağnazlar dikkat, önyargıya çok zararlıyım!

21.

Barış doğar basitlikten,
Korku karmaşıklıktan.
Sükunet doğar sabırdan,
Belalar bencillikten.

Ama dertsiz hayat nasil hayat,
Zorluk bize cesaret getirir.
Karanlık hiç de ayıp değil,
Karanlık bize parlamayı öğretir.

İnsan korkmazsa kim korkacak –
Sebebi doğruysa korkmak ayıp değil.
Servetin derdi yalan derdidir,
Dünyada gerçek dertler eksik değil.

Dertte olduğunda herkes gözyaşı dökmeyi bilir,
Ama başkasının gözyaşını silmek için
derdine katlanmak, çok azı bilir.

22.

Biz Türkiye (Şiir)

Deprem binalarımızı yıkabilir,
Ama hiçbir deprem umudumuzu kıramaz.
Enkazdan biz yeniden yükseleceğiz,
Hiçbir felaket bizi köle yapamaz.

Gelin, milletimizi daha iyi inşa edelim,
Bu sefer siyasete değil bilime güvenelim.
Eğer bilimin uyarılarını dinleseydik,
Böyle bir felaketi önleyebilirdik.

Bilim insanı hayatı korumak için çalışır,
Politikacı ölümle politika oynar.
Herhangi bir karar vermen gerekiyorsa,
Bilim adamını dinleyerek karar ver.

Gözümüzü açabilmemiz için neden
insanların ölmesi gerekiyor?
Hala mantıklı davranmazsak,
cenazeler hiç durmuyor.

Bölüm 9

23.

Uyan Be İnsan
(Dünya Hizmeti Şiir)

Uyan be insan, kalk be insan,
Amacına ulaşana kadar durma!
Uyan be insan, kalk be insan,
Hayaller gerçek olana kadar durma!
Uyan be insan, kalk be insan,
Her yerde adalet olana kadar durma.
Uyan be insan, kalk be insan,
Dünyaya barış gelene kadar durma.
Uyan be insan, kalk be insan,
Her yerde aşk olana kadar durma.
Uyan be insan, kalk be insan,
İnsanlar insan olana kadar durma.
Hadi kalk be kardeşim, bu dünya sana emanet.
Kendin için değil, insanlar için mücadele et.

24.

Yeni Zaman, Yeni Paşa
(Kalpkomutan Şiir)

Bana soruyor ki – kadere güveniyor musun?
Neden güvenmeyeyim – tabii ki güveniyorum.
Her an, her dakika, kaderin sonucudur,
Ve dünyanın kaderini ben yazıyorum.

Zafer yok, zeka yok, yine de umurumda değil;
Hiç kötü kader amacımı bozamaz benim.
Korku ve köktencilik kavgalarının ötesinde,
İnatçı bir aşk umudu, desteğimdir benim.

Ben kimim – neyim – biliyor musun?
Acılar denizinde ilacın ışığıyım ben.
Nefretin ortasında niyetin kıvılcımıyım,
Hayvanlığın ortasında insanlığın cevabı ben.

Kalbim benim dünyanın ilahi bir köprüsüdür;
Her hayat, her hikmet, kalbimde yaşıyor.
Hayatım benim dünyaya verilen bir hediyedir;
Her dil, din ve kültür, kalbimde birleşiyor.

25.

Dini aşırıcılığa karşı durmak için
dinini değiştirmeye gerek yok,
insan ol, yeter!
Nefreti ve kötü niyeti terk etmek için
göçmen olmaya gerek yok,
insan ol, yeter!

Kadın düşmanlığından kurtulmak için
kadın olmana gerek yok,
insan ol, yeter!
Aşk düşmanlarına karşı durmak için
entelektüel olmana gerek yok,
insan ol, yeter!

Ayrımcılıktan ayırmak için koyu tenli
olmana gerek yok - insan ol, yeter!
Köktencilikten vazgeçmek için filozof
olmana gerek yok - insan ol, yeter!

Bu dünyada komşu kimdir, biliyor musun?
Hayatta tanıştığımız herkes bizim komşumuzdur.
İnsan hayatı nedir biliyor musun? Başkasının
gözyaşını silmek için çabalamak insan hayatıdır.

Bölüm 10

26.

En büyük iftar merhamettir,
Merhametsiz bayram yalan bayram.
İnsan dinsiz olabilir, ama
Merhametsiz insan yalan insan.

Din, dil, milliyet falan,
hiç önemli değil;
Sadece insan ol, yeter!
Kutsal kitap, hukuk, anayasa,
hiç önemli değil;
Sadece vicdanlı ol, yeter!

İnsan vicdansız olamaz, vicdan insansız.
Aşık acısız olmaz, acılar aşksız.
Bilgisayar acısız çalışabilir,
İnsan acısız olmaz, acı insansız.

Zaman hatıralardan doğar,
Hatıralar tatlıysa zaman da tatlıdır.
Tatlı hatıralar yani acısız hatıralar değil,
Bir tek acılar hayata gerçek tatlılığı getirebilir.

27.

Benim Mekke O,
Beytüllahim de O.
Benim El Dorado O,
Ankara bile O.

İstanbul'dan Alpha Centauri'ya,
Aşk ararsa bütün evren bizim mahalle olur.
Kaliforniya'dan Kanyakumari'ya,
Aşk gülümsemiyorsa her yer cehennem olur.

Eğer insan olmak istiyorsan,
İnsanların acısını çalmayı öğrenin.
Kitapların tüm perdelerinin ötesinde,
İnsanları biraz güldürmeyi çabalayın.

28.

Kaldırmak istiyorsa,
Kalbini kaldır, elini değil.
Kazanmak istiyorsa,
Dualar kazan, paralar değil.

Onun için cennet ol,
cehennem değil.
Vicdanlı bir adam ol,
hayvan değil.
Eğer seviyorsa, gönlünle sev,
gözlerinle değil.
Eğer seviyorsa çocuk gibi sev,
kuru soğuk gibi değil.

Ne bahar, ne bulutlar,
her an, her dakika,
yaşamak için sev,
sevmek için yaşa.

Yaşamak için berbat olmak ayıp değil.
Eğer korkuyorsa, yaşamadan ölmekten kork.
Sevmek için sarhoş olmak ayıp değil.
Eğer korkuyorsa, aşksız akıllı olmaktan kork.

Bölüm 11

29.

Bütün kültürleri kanıma sakladım,
Sonra anladım ki, en büyük kültür aşktır.
Tüm kutsal yazıları kendi kitabım gibi çalıştım,
Ve anladım ki, en büyük müjde aşktır.

Altı dil konuştuktan sonra bile,
Ben diyorum ki, yüce dil bir tek aşktır.
Tüm siyasi ideolojileri gözlemledikten sonra bile,
Hayatımı siyasete değil sevgiye feda ettim.

Ben insan davranışı bilimcisiyim,
Yine de söylüyorum, medeniyetin tohumu aşktır.
Hayatımı yaşamın biyolojisini araştırarak geçirdim,
Ondan sonra diyorum, insan varoluşu aşkın ayak izidir.

Türkçe benim ikinci dilimdir,
Benim ana dilim sadece aşktır.
Sinirbilim benim ikinci bilimdir.
Benim ana bilim bir tek insanlıktır.

30.

Türkçe benim ikinci dilimdir,
Benim ana dilim sadece aşktır.
Sinirbilim benim ikinci bilimdir.
Benim ana bilim bir tek insanlıktır.

Maneviyat ikinci inancımdır,
Benim ilk inancım laikliktir.
Felsefe benim ikinci doğamdır,
Benim ilk doğam kapsayıcılıktır.

Bilinç benim ikinci tutkumdur,
Benim ilk tutkum dinlemektir.
Hukuk benim ikinci görevimdir,
Benim ilk görevim adalettir.

Bütün gelenekler ikinci gelenektir,
Dünyanın yerli geleneği merhamettir.
Tüm kimlikler ikinci kimliktir.
Birinci kimliğimiz insandır.

31.

Bu an zamanın anasıdır,
Bu an anıların anasıdır.
Eğer bu anı kaybedersen,
Tüm gelecek yalandır.

Fotoğraflarda değil, anlarda yaşa,
Anısız fotoğraflar sadece kurgudur.
İnternetle yaşa, sorun yok, ama,
İnternette yaşamak büyük bir hatadır.

Kameranın görevi anıları yakalamaktır,
Ama kamera anıların düşmanı oldu.
Anıları yakalama çılgınlığında,
Biz anılar yaratmayı unuttuk.

Sorun teknoloji değil, asıl sorun
öz kontrol eksikliğidir.
Teknolojinin bilinçsiz kullanımı,
teknoloji eksikliğinden daha tehlikelidir.

Bölüm 12

32.

Ruhunda aşkı göremiyorsa,
Kanında kâinatı bulamıyorsa,
Lanet olsun bu canavar ruhuna,
Kahretsin bu hayvanın kanına!

Kapsayıcılık yani farklılıkların yokluğu değil,
Kapsayıcılık yani hoşgörüsüzlüğün yokluğu.
Adalet yani adaletsizliğin yokluğu değil
Adalet yani ilgisizliğin yokluğu.

İnsan hakları hukuk meselesi değil,
İnsan hakları bir sorumluluk meselesidir.
Dünya barışı siyasi meselesi değil,
Dünya barışı sadece insanlık meselesidir.

Artık 'benim halkım senin halkın' değil,
Bundan sonra, herkes bizim halkımız.
Yeter ya 'benim milletim senin milletin' falan!
Her yer artık bizim evimiz, her insan ailemiz.

33.

Sen yaşarsan ben de yaşarım,
Sen gülersen ben de gülerim.
Biz birbirimizin yansımasıyız,
Sen parlarsan ben de parlarım.

Birliktelik olmazsa yarın olmaz,
Ayrılık sadece ölümdür.
Ya ayrıyız ya da insanız,
Ayrılmış medeniyet sadece maymundur.

Medeniyet sevgiden doğar,
Nefretten doğar orman.
Yaşamak istiyorsan nefretsiz yaşa,
Hepimiz aşkı arıyoruz, hepimiz göçmen.

İnsan varsa vakit var,
İnsan varsa şefkat var.
İnsan varsa adalet var,
İnsan varsa zerafet var.

34.

Kardeşliksiz kâinat yok,
Maneviyatsız medeniyet yok.

Benim maneviyat kitaplardan
değil, kalpten doğar.
Benim medeniyet hukuktan
değil, iyilikten doğar.

Önyargılarla savaşmak hoşgörüsüzlük değil,
Bütün hoşgörüsüzlük önyargılardan doğar.
Katılığı reddetmek ihanet değil,
Katılığa uyarak insanlığı unutmak, asıl ihanettir.

Hayatın hiçbir yolunda asla katı olma,
Katılık büyümenin önündeki en büyük engeldir.
Gelenek, inanç, hiçbir şey önemi değil,
Medeniyetin önemli geleneği bir tek iyiliktir.

Bölüm 13

35.

Geleneğe değil, gönüle güven.
Hukuka değil, vicdana güven.
Gürültülü yalanları bir kenara
birakip, sakin bir hakikati güven.

Kendine inan, kalbine inan.
Kahramansın sen, bunu asla unutma!
Medeniyet artık bizim memleket oldu.
Vakit gelde, dünyayı iyileştirmeye uyan!

Bütün kâinat bekliyor seni,
Neden zincirlendin ormanda?
Hadi kalk, zincirleri kır,
Bir aşk mektubu ol dünyaya.

Bir aşk mektubu ol dünyaya,
Özverili bir aşk hikayesi ol.
Korku, köktencilik, herşeyi unutup,
Vicdanlı bir Himalaya ol dünyaya.

36.

Yazmak yani yaralanmak,
Şair olmak yani huzuru kaybetmek.
Acısız amacı yok, yarasız yaşamak yok.
Aşık olmak istiyorsan, rahatlık ne demek!

Mutluluktan yaz, beş kişi
senin dostun olacak.
Yaralardan yaz,
bütün dünya ailen olacak.

Yaralarına sarıl dostum,
Bugünün acısı yarın tacı olacak.
Bugün hayat ne kadar zorsa,
Yarın hatıralar o kadar tatlı olacak.

Kendine inan, tüm güç biyolojimizde.
Yeni insansın sen, kaderin senin ellerinde.

37.

Kuşlar gibi gökyüzüne şarkı söyle,
Yağmur gibi sarıl toprağı.
Rüzgar gibi ruhlara dokun,
Güneş gibi öp dünyayı.

Hayat arıyor, duyamıyor musun?
Zincirlere ne zamana kadar tapacaksın!
Ne zamana kadar geçmişte yaşayacaksın?
Dünyaya ne zaman güneş gibi yanacaksın!

Ne olursa olsun onurundan ödün verme,
Akıldan, dinden önce, vicdanlı ol sadece.
İnsan vicdansız olmaz, vicdan insansız.
Aklını kaybet, ayıp değil,
ama asla ahlakını kaybetme.

Hata yap, ayıp değil ama,
Hatayla övünmek en büyük hatadır.
Kendi hatalarını kendini düzelt,
Kendini düzeltmek vicdan belirtisidir.

Bölüm 14

38.

Kendini iyi tanı be insan,
Sonra dünya seni tanıyacak!
Kendine güven be insan,
Sonra dünya sana güvenecek!

İçindeki canavarı tanı be insan,
Sonra dünya bir insanı tanıyacak!
İçindeki karanlığı tanı be insan,
İlahi bir güneş dünyada doğacak!

Uyan, kalk, ve dünyayı omuzlarında taşı!
Yaşamak yani masumlar için savaşmak.
Dünyaya masumiyet dönene kadar,
Nefes almak yani iyi niyeti paylaşmak.

Bu mülteci bir mutasavvıftan evine mektuptur,
Dinleyip dinlememek artık senin kararın.
Ama unutma, bencil özgürlük uygar bir şey değil,
Herkesin özgürlüğü için çabalamak artık senin kararın.

39.

Hayat sorumlulukla başlar,
Kalp başlar özveriyle.
Eşit özgürlük uygar özgürlüktür,
Orman özgürlüğü başlar bencillikle.

Dünya bir aynadır,
Zihin ışıktır.
Zihin temiz değilse,
Her yer gecedir.

Farkındalık bilincin başlangıcıdır,
Farkındalık uygarlığın başlangıcıdır.
Hoşgörüsüzlük, farkındalığın yokluğudur;
Hayatta kalmaktan değil, aydınlanma bahsediyorum.

Kıyamet kopmadığı sürece kalp ışığını unutma,
Kalp ışığını unutursan kıyamet kopar.
İlkel karanlığın tüm zincirlerinden vazgeç,
ilkellikten vazgeçemezsen adaletsizlik doğar.

40.

İyi bir insan olmalı, bunu asla unutma!
Hayatını insanların ayaklarına koy.
Başkaları para ve şöhretin peşinde koşabilir,
Sen mutluluğunu masumların ayaklarına koy.

Sadece bir milletin milli kahramanı olmak yetmez,
Tüm milletlerin milli kahramanı olmalı.
Yeni zamanın yeni insanlarıyız biz,
Dünyanın huzurunu canımız pahasına korumalı.

Tüm eski pencerelerden vazgeç,
Sen kendin ışığın ilahi kapısısın.
Neden hala karanlığa boyun eğiyorsun?
Karanlığa tek doğru cevabı sensin!

Yavaş yürü, ama cesur yürü,
Bir gün hedefimize ulaşacağız!
Doğru dünya doğru niyetten doğar,
Bir aile gibi gülümseyelim hepimiz.

Bölüm 15

41.

Eğer insan acılarını anlamıyorsan,
Tüm gerçekleri bilmenin faydası yok.
Eğer kalbinde kapsayıcılık yoksa,
Kutsal kitapların faydası yok.

Bazılarının beyni boş,
Bazılarının kalbi boş.
Bazılarının zihni boş,
Bazılarının omurgası boş.

Hayatta bu kadar boşluk varken,
Dünyaya barış nasıl gelecek?
Kalbini, beynini ve omurganı cesurca besle,
Yoksa merhametsiz ilerleme dünyayı yok edecek.

Aklın varsa düşün, kalbin varsa hisset.
Gözlerin varsa gör, ellerin varsa yardım et.

42.

Dünyada yaşamayı herkes bilir,
Ama dünya için yaşamayı çok az kişi bilir.
Kendi hakları sevmeyi herkes bilir,
Başkalarının hakkını savunmayı çok az kişi bilir.

İnsan varsa her şey mümkündür,
Aşk, adalet, barış, her şey.
Sen öyle bir insan mısın dostum!
Çünkü sen varsan umut her yerde.

Sen hayatsın, sen hikmetsin,
Dünya hakları artık senin görevin.
Sen sessin, sen savaşsın,
Kimsesi olmayanlar için sen desteksin.

Herkes toplumun parçası olarak doğar,
Toplum için çabalamaya çok az kişi yaşar.

43.

Birliktelik yolculuktur, varış noktası değil.
Kapsayıcılık yolculuktur, varış noktası değil.
Eşitlik yolculuktur, varış noktası değil.
Uyum yolculuktur, varış noktası değil.

Elbette akıl bir nimettir,
Ama her zaman aklı kullanmak iyi değildir.
Akıllılıktan ödün vermen gerekir bazen,
İnsan olmak haklı olmaktan daha önemlidir.

Hayatın tatlılığı küçük anlarda gizlidir,
Bu tatlılığı akılla anlayamazsın.
Kendi tatlılığını kendin hisset, ey insan,
Dünyanın en büyük tatlılığı sensin.

Bilginin ve cehaletin ötesinde
bir vadi var, orda bekliyorum ben seni.
Gönül isterse gel, buluş benimle bir gün,
Sana söz, son nefese kadar bekleyeceğim seni.

Bölüm 16

44.

Sorumluluk bize onur verir,
Onur bize cesaret verir.
Onurlu ol, sorumluluğunu taşı,
Sorumluluk bize hayatı öğretir.

Dünya benim, sorumluluk benim -
Böyle der bir gerçek insan.
Umut ben, cevap ben -
Böyle der bilinçli vicdan.

Bütün yollar senin içinde,
Sadece yürü, yol görünecek.
Korkma, içindeki güce güven,
Sadece yürü, dünya değişecek.

Kalp, beyin, omurga, bu üçü varsa,
Korkacak hiçbir şey yok!
Korku senden korksun, öyle cesur ol;
Başını eğdirecek hiçbir kuvvet yok.

45.

Dün ben aptaldım,
Dünyayı değiştirmek istedim.
Bugün daha da aptalım,
Bu yüzden dünyayı değiştiriyorum.

Beyin durduğunda,
Kalp durduğunda,
Elinde ne kaldı?

Gözler kaybolduğunda,
Hafıza kaybolduğunda,
Elinde ne kaldı?

Gurur kaybolduğunda,
Para kaybolduğunda,
Elinde ne kaldı?

Hayattaki her şeyi kaybettikten sonra,
Senden dünyaya kalan hediye nedir?

46.

Her zihin bir köprüdür,
Her zihin bir duvardır.
Nesin sen, sen karar ver,
Yeni insan ya da ataların yalan!

Kimseye boyun eğme,
ne tanrıya ne de hükümete.
Kendine saygı göster,
bir gün dünya da
sana saygı gösterecek.

Ne kanun ne de kutsal kitap
senin hükümdarın değil,
İnsanın tek kralı vicdanıdır.
Vicdandan ödün verirsen,
tüm hayatın yalandır.

Kutsal yazılar, anayasa, hepsi oyuncak.
Hakikat ışığı sadece saf bir kalpten doğacak.

Bölüm 17

47.

Olasılığın ve imkansızlığın ötesinde
aşk her zaman bir yolunu bulur.
Gerçeklerin ve kurgunun ötesinde
aşk her zaman ışık bulur.

İster inan ister inanma, fark etmez,
Aşkın inancı ilahi bir hediyedir.
Her hayvan güvenmemeyi bilir,
Tamamen güvenmeyi sadece insanlar bilir.

İnsanlar işten istifa edebilir,
ama aşktan vazgeçmek yok.
İnsan otelden ayrılabilir,
ama evden vazgeçmek yok.

Ev yani bina değil,
Ev yani bir histir.
Aile yani mekan değil,
Aile yani sevilenlerdir.

48.

Kırılganlık en büyük gücümüzdür,
Kırılganlık tatlılığımızı korur.
Kırılganlık bize dayanıklılık getirir,
Kırılganlığın olmadığı hayat çok soğuktur.

Kırılganlığa arkadaş ol,
Gücün gökyüzüne ulaşacak.
Karanlığa arkadaş ol,
Kalbin dünyayı aydınlatacak.

Güneş kahramandan doğar,
Kahraman doğar karanlıktan.
Yaralardan yangın doğar,
Bilgelik doğar bulutlardan.

Medeniyet yolculuktur,
varış noktası değil.
Cennet hayatın bir eylemidir,
hayali bir yer değil.

49.

Hava ne kadar kirli olursa olsun,
Akciğerler nefes almayı asla unutmaz.
Dünyada ne kadar nefret olursa olsun,
Kalp sevmeyi nasıl unutacak!

Gece ne kadar karanlık olursa olsun,
Güneş doğmayı asla unutmaz.
Dünya ne kadar soğuk olursa olsun,
Damarlar ateşini nasıl unutacak!

Rüzgar ne kadar sert eserse essin,
Ağaçlar büyümeyi asla unutmaz.
Toplum baskısı ne kadar zor olursa olsun,
Omurga bütünlüğü nasıl unutacak!

Kuraklık ne kadar zor olursa olsun,
Muson gelmeyi asla unutmaz.
Yol ne kadar sisli olursa olsun,
Zihin amacını nasıl unutacak?

Bölüm 18

50.

Tüm dünya bir akıl hastanesi,
İnsanların hepsi delidir.
Bazıları ön yargılarla deliriyor,
Bazıları bir tek aşk delisidir.

Bazıları servet toplarken ölür,
Bazıları sadece aşkı paylaşmayı bilir.
Açgözlülük çılgınlığının ötesinde,
Evrenin tek ebedi para birimi aşktır.

Her gün kalbin vakittir,
Her saat sevda saatidir.
Sebep doğruysa deli olmak iyidir,
Dünya tehlikedeyken deli olmak haklıdır.

Aşk karmaşıktır,
yine de bize netlik verir.
Aşk kafa karıştırıcıdır,
yine de bize yaşamayı öğretir.

51.

Vakit varsa sev,
Zaman varsa sev.
Hayat varsa sev,
Nefes varsa sev.

Aklın varsa düşün,
Kalbin varsa hisset.
Gözlerin varsa gör,
Ellerin varsa yardım et.

Birine güvenmek ayıp değil,
Güvensiz hayat, nasıl hayat!
Bin kere ihanete uğra, ayıp değil.
Eğer söz verirsen, şüpheleri kapat.

Varoluş bir vaat eylemidir,
Hayat bir aşk vaadidir.
Bunu yine de anlamadıysan,
Tüm evren yalandır.

52.

İnsanları sevmek en büyük sevgidir,
Geri kalan her şey ticarettir.
İlahiyat istiyorsan, insanlara yardım et,
Muhtaçlara hizmet gerçek maneviyattır.

Cuma Ezanı ve Pazar Korosu,
Hepsi aynı ışığa dua ediyor.
Neden boşuna tartışıyoruz biz!
Tek bir ışık hepsinde yaşıyor.

İçerideki bölünme dışarıdaki bölünmeyi doğurur,
İşte böyle, bölünme kanun oluyor.
Sadece bir kez, içindeki tüm bölünmeyi sil,
Tüm nefretler dünyadan uzaklaşıyor.

Her şeyin üstünde merhamet gerçek,
Merhametten başka maneviyat yok.
Her şeyin üstünde insan gerçek,
İnsanın üstünde hiçbir şey yok.

Bölüm 19

53.

Laikliğin üç aşaması vardır.
Birinci, anlayış gelir,
bütün dinler aynı tanrıya dua eder.
İkinci, anlayış gelir, kalpten
başka hiçbir yerde tanrıyı bulamazsın.
Sonunda, tanrı hakkındaki tüm konuşmalar durur,
ve onun yerine sadece kardeşlik doğar.

Tanrıya inanıp inanmaman önemli değil,
Kalbinde iyilik olsun, bu önemli.
Camiye gidip gitmemek önemli değil,
İnsanların yanına gidip yardım etmek önemli.

Her kalpte bir ses vardır,
Ama gelenek o sesi yok eder.
Her kafatasında bir beyin vardır,
Ama toplum bu beyni yok eder.

Her insanın bir omurgası vardır,
Ama sosyal baskılar omurgayı yok ediyor.
Her bilincin bir vicdanı vardır,
Ama toplum vicdandan ödün vermeyi öğretiyor.

54.

Tüm dünya camidir,
Masumlar bizim tanrımız.
Onlara hizmet ilahi hizmettir,
Onların mutluluğu bizim cennetimiz.

Diğerleri ne yaparsa yapsın,
Sen insan ol, yeter.
Hiçbir din bizim düşman değil,
Hoşgörüsüzlüğe karşı dur, yeter.

Dinim aşktır benim,
Dilim şefkattir.
Annem uyumdur benim,
Babam barıştır.

Bilinç barışın kapısıdır,
Kapıyı aç, barış gelecek.
Dünyanın yeni müjdesi sensin,
Gözleri aç, mucize gelecek.

55.

Bilinci takip edemezsin,
Çünkü sen bizzat bilinçsin.
Barışın peşinden koşamazsın,
Çünkü sen kendin barışsın.

Farkındalık amaçtan doğar,
Amaç doğar farkındalıktan.
Bizim hakikat bizim kararımızdır,
Sevgiyi seç vazgeçip nefretten.

İnsan aşkı seçmez,
Aşk insanı seçer.
Teslim ol bir tek aşka,
Aşk sabretmeyi öğretir.

Sevgi ve sabır,
hayatın altın sözleridir.
Bunlar varsa korku neden!
Görevini yap, hepsi gelir.

Bölüm 20

56.

Yaşa, yaşa ve yeniden yaşa,
Atalarının kanunlarının ötesinde yaşa.
Zincirleri kır, pencereleri kır,
Gerçekten yaşamak istiyorsan kapı açık yaşa.

İnsan olarak doğmak yeterli değil,
İnsan olarak yaşamak lazım.
Kıyafetlerin temiz olmak yeterli değil,
Kalbin temiz olmak lazım.

Dünyadaki en büyük günah nedir biliyor musun?
Haksızlığı görüp sessiz kalmak.
Evrendeki en büyük lanet nedir biliyor musun?
İçindeki aşkı unutup dışarıdaki nefrete boyun eğmek.

Ben aşığım, bu dünyaya aşığım.
Savaşıyorum o yüzden.
Aptal, kafir, bana ne diyorlarsa,
Hayatımı feda ettim ben zaten.

57.

Mutluluktan yaz, beş kişi arkadaşın olsun.
Yaralardan yaz, tüm dünya ailen olsun.
Beyinden yaz, biraz şan ve şöhret bulacaksın.
Kalbinden yaz, tüm kâinat sana aşık olsun.

Bedenle aşk, aşk birkaç yıl yaşar.
Kalple aşk, aşk yaşar son nefese kadar.
Kıyafetlere değer ver, depresyona gireceksin.
İnsanlara değer ver, huzur bulacaksın.

Gösterişli kıyafetler giy,
Hayvanlar sana tapacak.
Basit konuş ve basit yaşa,
İnsanlar seni kalbinde saklayacak.

58.

Kusursuz bir dünya kusursuz bir kalpten doğar,
Ama kusursuz kalp diye hiçbir şey yok.
Kalbin kusursuz olmasına gerek yok,
Kendi kusurlarını kendin düzelt, yeter.

Doğru dünya doğru niyetten doğar,
Doğru niyet sorumluluktan doğar.
İnsanlık sorumluluğun kanıtıdır,
Sorumluluk insanlığın kanıtıdır.

İnsanlık hayatın kanıtıdır,
Hayat insanlığın kanıtıdır.
Kalbin olduğu her yerde hayat vardır,
Hayatın olduğu her yerde insanlık vardır.

Işık kalbin kanıtıdır,
Kalp ışığın kanıtıdır.
Nefes varsa kabullenme de olmalı,
Kabullenmenin olduğu her yerde hayat vardır.

Bölüm 21

59.

İnsanların mutluluğu için,
Benim de duygular var, unuttum.
Kendimi o kadar unuttum ki,
Gözlerimin önünde bir tek dünyayı buldum.

Alacakaranlığı incele, şafağı anlayacaksın.
Karanlığı incele, ışığı anlayacaksın.
Gözyaşları güce açılan bir kapıdır.
Acıyı incele, mutluluğu anlayacaksın.

Yaralarını incele, ilacı keşfedeceksin.
Başarısızlıklarını incele, başarıyı bulacaksın.
Korkunu incele, kararlılığı bulacaksın.
Vahşeti incele, insanlığı keşfedeceksin.

Mustafa Kemal'in resimlerini asmak yetmez,
Sen kendin Mustafa Kemal olmalısın.
İyi insanlara tapınmak yetmez,
Kendin iyi olmalısın.

60.

Sen Hıristiyansan ben de Hıristiyanım.
Sen Yahudiysen, ben de Yahudiyim.
Sen Budistsen, ben de Budistim.
Sen ateistsen, ben de ateistim.
Fakat her köktendinci hayvan için,
Ben ilahi bir kıyametim.

Hoşgörüsüzlüğün zıttı hoşgörü değil,
Hoşgörüsüzlüğün zıttı kapsayıcılıktır.
Dünya savaşının karşıtı dünya barışı değil,
Dünya savaşının karşısında dünya birliğidir.

Öyle bir insan ol ki,
kâinat bile kıskansın seni.
Dünyaya öyle bir parla ki,
güneş bile kıskansın seni.

Niyet güçlüyse nefretsiz dünya mümkündür elbette.
Gerçekten istiyorsan, barış yarın gelecek.

61.

Aşık mısın?
Evet.
Acıyor mu?
Hep.
Mutlu musun?
Her zaman.
Nasıl yani, her şey
aynı anda nasıl olabilirsin,
hayretle bana sordular!
Ben dedim ki,
çünkü içimde ruh var.

Bölüm 22

62.

Beni sev ya da benden
nefret et, hepsi benim lehime.
Eğer beni seviyorsan,
ben senin kalbindeyim.
Benden nefret ediyorsan,
senin kafanın içindeyim.

Ne isterlerse istesinler,
Güneşin doğuşunu durduramazlar.
Ne derse desinler,
Everest Dağı'nı bükemezler.

Diller bana kolaydır,
Kültürler bana kolaydır,
Kutsal yazılar bana kolaydır,
Bilim bana kolaydır.
Nasıl, biliyor musun?
Çünkü içimde bölünme yok,
tek bir görev var -
bölünmemiş insanlığın görev.

63.

İçtenlik olduğu her yerde şiir vardır,
Şiirin olduğu her yerde hayat var.
Hayatın olduğu her yerde kapsayıcılık vardır,
Kapsayıcılığın olduğu her yerde uyum var.

Kararlılığın olduğu her yerde şafak vardır,
Onurun olduğu her yerde niyet var.
Kalbin olduğu her yerde farkındalık vardır,
Farkındalığın olduğu her yerde medeniyet var.

Başarısızlık başarının temelidir,
Fedakarlık ilerlemenin temelidir.
Acı yoksa şiir de yoktur,
Fedakarlık yoksa uygarlık da yoktur.

Dünyayı inşa etmek
gerçek bir insan için kolaydır.
Çünkü bir amaç için ölmek
amaçsız yaşamaktan daha saygındır.

64.

Kanımda akıyor tüm kâinat,
Her güç gönlümden doğar.
Benim nasip benim ellerimde,
Her medeniyet niyetten doğar.

Telefonu güncellemek yeterli değil,
Toplumun da güncellenmesi gerekiyor.
Modayı güncellemek yeterli değil,
Fikirlerin de güncellenmesi gerekiyor.

Önyargıyı değil, prensibi savunun.
Katılığı değil, mantığı destekle.
Sorumlu ol, umursamaz olma.
Uygunluğu değil, düzeltmeyi destekle.

Sorun inanç ya da inançsızlık değil,
Asıl sorun bölünmeden doğan nefrettir.
Bölücüler bölmek için daima bahane ararlar,
Farklılıklara değil, ayrımcılığa
karşı durmak gerektir.

Bölüm 23

65.

Sen yaşarsan ben de yaşarım,
Dünya yaşıyorsa ben de yaşarım.
Sen nefes alırsan ben de nefes alırım,
Dünya nefes alırsa ben de nefes alırım.

Ateşli kalpler dünyayı aydınlatır,
Ateşli omurgalar dünyayı güçlendirir.
Aşkla yaşa, aşkla nefes al,
Yavaş yavaş ama emin adımlarla barış gelir.

Devletler gelir, devletler düşer,
Ama kültürler sonsuzdur.
Siyaset gelir, siyaset gider,
Ama cesur fikirler ölümsüzdür.

Kültürü sevmek için devlete
destek olmana gerek yok.
Hükümet sana hain diyebilir,
Halkın kahramanı ol, yeter.

66.

Kültür devleti aşar,
Özgürlük kanunları aşar.
Vicdan kutsal kitapların ötesindedir,
Sadece vicdan evrenin el kitabıdır.

Hayatın el kitabı yok,
Hayat her şeyin el kitabıdır.
Hayatı tanı, aşkı tanıyacaksın,
Sevgiyi bil, hayatı anlayacaksın.

Sev be insan, sadece sev,
İnsan olarak insanı sev.
Nefreti unut, şöhreti unut,
Her şeyi unutup dünyayı sev.

Beynini önyargılardan arındır,
Omurganı korkulardan arındır,
Kalbini nefretten arındır.

67.

Vazgeçmem - bu dünyadan,
benim dünyamdan vazgeçmem,
İnsanlardan vazgeçmem!
Bir Naskar gidecek,
Bin Naskar gelecek, ama,
Dünyayı hiç yalnız bırakmam!

Nerede niyet doğru,
Orada dünya doğru.
Hayvanların hükümeti yeter ya,
Bu sefer insan ol, ey deli oğlu!

Deli insan doğru insan,
Deliliksiz insan insan yok.
İnsan insanlık için deli değilse,
Böyle bir hayat insan hayatı yok.

Ben seni rahat etmeye gelmedim,
Ben seni berbat etmeye geldim.
Meditasyon yeter, şimdi mücadele et,
aşk için, haklar için, insanlık için!

Bölüm 24

68.

Sorun değil, neden aşk var?
Soru şu, neden nefret var?
Nefret ayrılıktan doğar,
Bölünmeyi sil, nefret yok olacak.

Ama bölünmeyi silmek kolay değil,
Herkes seninle dalga geçecek.
Karanlıkta bile yürümeye devam edersen,
Emin ol, zafer bir gün ayaklarını öpecek.

Karanlıksız aşk yalan aşktır,
Karanlıkta bile sevmek, kara sevdadır.
Mutlulukta sevmek herkese kolay,
Felakette sevmek sadece
sarhoş bir aşık için mümkündür.

Sarhoş ol, ey insan!
Sarhoş bir aşk mektubu ol dünyaya.
Herkes aşk hikayesi okumayı sever,
Özverili bir aşk hikayesi ol dünyaya.

69.

Barış mümkündür,
çünkü ben mümkünüm.
Barış mümkündür,
çünkü sen mümkünsün.

Uyum mümkündür,
çünkü ben mümkünüm.
Uyum mümkündür,
çünkü sen mümkünsün.

Adalet mümkündür,
çünkü ben mümkünüm.
Adalet mümkündür,
çünkü sen mümkünsün.

Aşk mümkündür,
çünkü ben mümkünüm.
Aşk mümkündür,
çünkü sen mümkünsün.

70.

Bir değil, iki ailemiz var bizim,
Biri öz aile, diğeri dünya ailesi.
Öz aileye ilgilenmek herkes bilir,
Benim tek ailem, dünya ailesi.

Bölünme en kötü hastalıktır,
Birlik en büyük mucizedir.
Ayrışma maymun doğasıdır,
Birliktelik insanın doğasıdır.

Yeter artık bu maymun medeniyeti,
Biz insanız, insan insana destek olmalı.
Ölümden sonra hayat var mı, diye sorma!
Asıl soru şu; bölünmüş hayat hayat mı!

Dünya ailesi için uykularımı feda ettim,
Dünya ailesi için mutluluğumu feda ettim.
Dünya ailesi için gençliğimi bile feda ettim,
Dünya ailesi için kendi yıkımımı kabullendim.

Bölüm 25

71.

Gözlerin var, ama görmüyorsun.
Kulakların var, ama duymuyorsun.
Dilin var, ama konuşmuyorsun.
Ayakların var, ama yürümüyorsun.

Görmen gereken yerde gözlerini kapatıyorsun,
Dinlemen gereken yerde kulaklarını kapatıyorsun.
Konuşman gereken yerde dilini zincirliyorsun,
Yürümen gereken yerde ayaklarını zincirliyorsun.

Bu nasıl hayat ya, dostum,
Ruhunu ne zaman uyandıracaksın!
Şimdi kalk, zincirleri kır!
Şimdi kalk, vazgeç sessizlikten!

Korkma, senden daha büyük hiç kuvvet yok,
Reformcuyuz biz, bize ölüm yok.

72.

Derviş biraz, kardeş biraz,
Senin için ben kurban biraz.
Yangın biraz, rüzgar biraz,
Verdim sana her sevincim biraz.

Paramparça olana kadar,
padişah olamazsın.
Bencillikten vazgeçene
kadar insan olamazsın.

Karanlığın kaşifi şafağın kralıdır,
Yağmurun yolcusu yaraların galibidir.
Felaketten korkan herkes cenneti ister,
Cehenneme ışık getirir, cennetin sultanı bir.

Cennet nedir biliyor musun?
Senin yüzünden insanlar gülümser
nereye, oraya senin cennetindir.

73.

Yak benim her kitabımı,
ve git - insanlara yardım et!
Kitaplarda değil, kanında tut beni.
Yak dünyadaki tüm eski bilgeliği,
ve git, kendi bilgeliğini yaz kendin!

Cesaretin var mı, insan,
insan gibi yaşamaya!
Beynin falan yok mu, insan,
hakikatini aramaya!

Omurgan var mı, insan,
insan gibi durmaya!
Kalbin falan yok mu, insan,
insan gibi kanamaya!

Vicdanın var mı, insan,
insan gibi yaşamaya!
Cesaretin var mı, gönlüm,
güneş gibi yanmaya!

Bölüm 26

74.

Aşk tüm geleneklere meydan okur,
Aşk her zorluğun üstesinden gelir.
Dünyadaki en büyük aşk insanlıktır,
İnsanlık tüm fırtınalara katlanır.

Bu zor zamanda dünyanın
yeni peygamber sensin.
Hadi kalk be kardeşim, ve söz ver,
"Dünya benim, sorumluluk benim."

Mükemmel dünya diye hiç bir şey yok.
Dünya mükemmel doğmaz,
Dünyayı mükemmel yapmalısın.
Mükemmel millet diye hiç bir şey yok.
Millet mükemmel doğmaz,
milletini mükemmel yapmalısın.

Köklerim insanlıktır benim,
İnsanlıktır karanlığa cevabım.
Şan ve şöhrete ben muhtaç değilim,
Benim derdim dünya, dünya dermanım.

75.

Arapça'da ben Ghalib'im,
Sanskritçe'de ben Abhijit'im,
İngilizce'de ben Victor'um,
Dünyada ben Vicdanım.

Adı ne olursa olsun, ruhu aynı.
Din ve dil ne olursa olsun, hayat aynı.
Coğrafya ne olursa olsun, mutluluk aynı.
Yüzü nasıl olursa olsun, hayat savaşı aynı.

Kırılan kemik daha güçlü iyileşir,
Kırık kalp daha cesurca iyileşir.
Bozulan zihin daha akıllıca iyileşir,
Bozulan hayat daha vicdanlı olarak iyileşir.

Yaralar hayatın başarısızlığı değil,
Yaralar yaşam belirtisidir.
Yaşamak yani acı çekmek,
Acılar amacı arındırır.

76.

İnsanları dinlemeye zorlayamazsın,
Dinlemek isteyenler için yaziyorum.
İnsanları sevmeye zorlayamazsın,
Dünyadaki aşıklarla ben konuşuyorum.

İstersen kitabımı yakabilirsin,
İstersen bütün sözlerimi unutabilirsin.
Tutmak istiyorsan beni kalbinde tut,
İyi insanların felsefeye ihtiyacı yoktur.

Kendin iyi bir insan olamıyorsan,
Kimse sana iyiliği öğretemez.
İyilik öğrenilecek bir şey değil,
Kimse sana insanlığı öğretemez.

Sorular başlayınca öğrenme de başlar,
İyilik başlayınca insanlık da başlar.

Bölüm 27

77.

Ölüm sadece bir kere gelir,
Hayat gelir her gün.
Şimdi söyle bana,
hangisi daha cesurdur,
yaşam sevgisi ya da ölüm korkusu?

Ahiret diye hiç bir şey yok,
Hayat sadece şu andadır.
Korkuyu yenerek yaşamak,
nihai ilahi yemindir.

Mütevazı ol ve basit yaşa,
Her önemli mutluluğu bulacaksın.
Basitlik yoksa mutluluk yalandır,
Hayatın anlamını basitlikte bulacaksın.

Hayat bir yarış değil.
Yavaş yürü, yavaş yaşa.
Amaç önemli, heyecan değil.
Anlamlı yaşa, hayat çok kısa.

78.

Nefretin pençesinden aşkı kurtar,
Devletin pençesinden barışı kurtar.
Devlet yanlısı olursan insan olamazsın,
Maymunların pençesinden insanlığı kurtar.

Devlet asla barışa öncelik vermez,
Bu görev sadece insanlara düşüyor.
Barış ve uyum istiyorsan, devleti unut!
Bak, uygarlık güneşi kalbinde doğuyor.

Milletin kölesi değilsin sen,
Devletin kölesi değilsin.
Dünya artık sana emanet kardeşim,
Dünyanın koruyucu kardeşi sensin.

Bana bir keyboard ver,
Ben sana devrim vereceğim!
Dünya için yanan on yürek ver bana,
Ben sana yeni bir dünya vereceğim.

79.

Uzun yaşamak önemli değil,
Onurlu yaşamak önemlidir.
Bir günlük cesur yaşam, yüz yıllık
korkak yaşamdan daha iyidir.

Cesareti seçiyorum, korkuyu bilmediğim için değil.
Cesareti seçiyorum çünkü korkuyu çok iyi biliyorum.
Barışı seçtim, şiddeti bilmediğim için değil.
Barışı seçtim, çünkü şiddeti çok iyi biliyorum.

Bencil yaşamayı her hayvan bilir,
Ben insanım, o yüzden özveriyi seçtim.
Kendisi için yaşamayı her hayvan bilir,
Ben insanım, o yüzden dünyayı seçtim.

Orman bize zulmü öğretti,
O yüzden dünya bu kadar acımasız.
Ama iyiliğin ilk ışığı olmak için
gereken tüm güce sahibiz biz.

Bölüm 28

80.

Vicdan benim anayasamdır,
Merhamet benim geleneğim.
Kapsayıcılık kutsallığımdır,
İnsanlık benim milletim.

İnsan olmak için insanın alkışa ihtiyacı yok,
İnsan olmak için insanın tanınmaya ihtiyacı yok.
Tanınmadan, alkışlanmadan, tüm mirasımı yazdım,
Ama pişman değilim, çünkü hayatımı anlamlı yaşadım.

Ben alkış için canımı feda etmedim,
Dünyayı güçlendirmek için ettim.
Her korkak alkışları takip etmesini bilir,
Cesur yürekler yalnızca halk için çalışır.

Kalbim dünyaya sığınaktır,
Hayatım dünyaya bir mektup.
Okumak istiyorsan bencil olmadan oku,
Bencil olarak göremezsin güneşin doğuşunu.

81.

Ben gidim, dostum,
benimle gelir misin?
Hadi gel can dostum,
birbirimize yol olmak lazım.

Tüm yalanları geride bırakalım,
Yarı gerçekleri geride bırakalım.
Gerçeğin kaşifleri olalım dostum,
Hadi gel, aşkın gerçeğini keşfedelim.

Kim olduğumuzu unutalım ki
tüm ayrılıkları silebilelim.
Varsayımları bir kenara bırakalım
ki birbirimizin yolunda olalım.

Sahte dünyayı geride bırakalım ki
kendimiz hakkında bilgi sahibi olalım.
Orman özgürlüğünü bırakalım ki
uygar özgürlüğü öğrenebilelim.

82.

Bugünün devrimi yarının medeniyetidir,
Bugünün sorumluluğu yarının reformudur.
Bugünün eşitliği yarının geleneğidir,
Bugünün aşkı yarının kanunudur.

İyi olmak ayıp değil,
Nazik olmak ayıp değil.
Yaşamak istiyorsan iyi bir
yardımcı gibi yürü,
soğuk bir robot gibi değil.

Özgür düşünceli olmak ayıp değil,
Ön yargıyı reddetmek ayıp değildir.
Nefretten vazgeçmek ayıp değil,
Asıl utanç, nefrete boyun eğmektir.

Yeni bir insan ol, yeni bir hayat yaz,
İnsanın hakikatini insan keşfetmeli.
İnsanın hikayesi insan yazmalı,
İnsanın cenneti insan olmalı.

Bölüm 29

83.

Ölüme zincirlenmek yerine,
Birbirimizin kökleri olalım.
Cellatın ilmiği yerine,
Hayatın çelengi olalım.

Barış bir yurttaşlık görevidir,
Dünya liderlerinin görevi değil.
Adalet bir insanlık meselesidir,
Hukuki ve siyasi mesele değil.

En zalim karanlığın ortasında bile
imkansız ışığın habercisi ol.
Dünyanın karanlığı senin hatan olmayabilir,
Dünyayı aydınlatmak hayatının görevidir.

Hepimiz özgürleşene kadar
hiçbirimiz özgür değiliz.
Herkes mutlu olmadığı sürece
hiçbirimiz hayatta değiliz.

84.

Bin kere ölene kadar hayatın
ne olduğunu bilemezsin.
Bin yaraya katlanıncaya kadar
huzurun ne olduğunu bilemezsin.

Kalbin bin kez kırılıncaya kadar
aşkın ne olduğunu bilemezsin.
Binlerce kez yolunu kaybedene kadar
hayatın yolunu bulamazsın.

Yolunu kaybedersen yolunu bulursun,
Acıya katlanarak umursamayı öğrenirsin.
Karanlığa katlanarak parlamayı öğrenirsin,
Zulümle yüzleşince nezaketi öğrenirsin.

En büyük niyet nezakettir,
En büyük inanç iyiliktir.
En büyük hikmet hizmettir,
En büyük eğitim insanlıktır.

85.

Bağnazlık bitince bilgi başlar,
Kayıtsızlık bittiğinde adalet başlar.
Ulus bittiğinde dünya başlar,
Milliyet bitince barış başlar.

Yeni dünyanın yeni sürücülere ihtiyacı var,
Yeni dünyanın yeni düşünürlere ihtiyacı var.
Yeni dünyanın yeni geleneğe ihtiyacı var,
Yeni dünyanın yeni insanlara ihtiyacı var.

İnsan gibi görünmek yetmez,
İnsanca davranmak gerekiyor.
İngilizce konuşmak yetmez,
İnsanca konuşmak gerekiyor.

İstiklal Marşı'nı ezberlemek yetmez,
Aşk marşını söylemek gerekiyor.
Anayasayı ezberlemek yetmez,
Zulme karşı durmak gerekiyor.

Bölüm 30

86.

Zihin büyüdükçe dünya küçülür,
Arzular azaldıkça bütünlük güçlenir.
Zihin ve dünya iki şey değil, birdir,
İstersen, tüm dünya zihinde tutulabilir.

Büyümek için yaşamak gerekir,
Yaşamak için büyümek zorundasın.
Büyümenin sonu yaşamın sonudur,
Yaşamak için değişmeyi öğrenmelisin.

İlkelerden ödün vermeyi gerektiren
değişim, değişim değil, ölümdür.
Nezaketini yok eden ilerleme
ilerleme değil, yok oluştur.

Nezaket zayıflık değil güç olmalı,
İyilik lanet değil nimet olmalı.
Benim tek arzum var,
Herkes iyi olmalı,
herkes mutlu olmalı.

87.

Beyinsiz kalp de kalpsiz beyin de
aynı derecede tehlikelidir.
Mantıksız duygu da duygusuz mantık da
aynı derecede tehlikelidir.

Hayat sokaklarında yürürken
kalbe de beyne de ihtiyaç vardır.
Bu insan dünyasında, tüm insani
yeteneklere ihtiyaç vardır.

Gerekirse beynini dinle,
Gerekirse kalbini dinle.
Durumu dikkatle gözlemle,
Biraz düşün ve devam et.

Mağaraları bırak, ormanı terk et.
Uygarlık yolu seni bekliyor, cesurca devam et.

88.

Gece ve gündüz zihinden doğar,
Karanlık ve aydınlık zihinden doğar.
Zihin doğruysa her şey doğru,
Tüm doğrular ve yanlışlar zihinden doğar.

Cehaletten daha kötüsü bilgi yanılsaması,
Adaletsizlikten daha kötüsü kayıtsızlıktır.
Bu yanılsamalar toplumu yönettiği sürece
medeniyet sadece büyük bir yalandır.

Medeniyet zihinden doğar,
Maymuniyet zihinden doğar.
Bütün sorunlar zihinden doğar,
Cevaplar da zihinden doğar.

Sorun varsa zihninin içine bak,
Şerefsizlik varsa zihninin içine bak.
Adalet zihinden doğar,
Haklar da zihinden kaynaklanır.

Bölüm 31

89.

Savaş pahalıdır,
Barış ücretsizdir.
Neden barışı seçmiyorsun?
Çünkü savaşa alıştın, değil mi!

Nasıl yani, birbirimizi
öldürmenin binlerce yol biliyoruz,
ama barışı korumanın bir tane bile yok!
Nasıl yani, birbirimizden
nefret etmek için binlerce bahane buluyoruz,
ama sevmek için bir tane bile yok!

Yeter artık diplomasi,
Yeter artık jeopolitik.
Barış siyasi bir eylem değil,
Sadece sen ve ben getirebiliriz barış.

Siviller ayağa kalkıp kontrolü ele alırsa,
dünyadan bütün siyaset yok olacak.
Uyan, kalk ve dünyayı omuzlarına al,
dünyadan tüm eşitsizlikler yok olacak.

90.

Toplumu önemsemek siyaset değil, insanlıktır.
Dünyayı önemsemek siyaset değil, insanlıktır.
Eğer bunu bilmiyorsan insan değilsin sen,
İnsan görünümlü sen sadece bir maymunsun.

Paylaşmak sosyalizm değildir,
Yardım etmek sadaka değil.
Sevmek tuhaflık değildir,
Fedakarlık delilik değil.

Yardım etmek dua etmekten daha kutsaldır,
İlgisizlik en büyük küfürdür.
Tanrıyı unut, sadece birine yardım et,
Evrendeki tüm tanrısallık senin olur.

Kalp soğuksa her dua faydasız.
Eller bencilse her insan şerefsiz.

91.

Aşk çapadır,
Aşk denizdir.
Aşk kapıdır,
Aşk evdir.

İçtiğin su aşktır,
Soluduğun hava aşktır.
Yediğimiz yemek aşktır,
Bastığımız toprak aşktır.

Hayatta herşey aşktır,
Aşksız her şey yalan.
Eğer bunu anlamıyorsan,
Bütün aklın yalan.

Başımızın üstünde aşk var
Ayaklarımızın altında aşk var.
İçimizdeki ruh aşktır,
Dışarıda dünya aşktır.

Bölüm 32

92.

Önce aşk, sonra gelenekler.
Önce haklar, sonra ritüeller.
Önce iyilik, sonra inançlar.
Önce insanlık, sonra kanunlar.

Ölüm yobazlıktır,
yobazlık ölümdür.
Yaşam farkındalıktır,
farkındalık yaşamdır.

Kimseye hükmetmek istemiyorum,
Kimsenin beynini yıkamak istemiyorum.
Hayatta tek amacım, tek görevim var;
Dünyadan nefreti ve önyargıyı siliyorum.

Kalp benim müjdemdir,
Beyin benim anayasamdır.
Omurga benim kanunumdur,
Hizmet benim kurtuluşumdur.

93.

Benim etnik kökenim empatidir,
Benim ırkım reformdur,
Milliyetim kapsayıcılık,
Benim adım insan.

Benim adım insan,
Hayatım insan.
Sözlerim insan,
Benim doğam insan.

Kimse yabancı değil,
herkes komşu.
Kimse ecnebi değil,
herkes ailedir.

Kalpte dünyayı bulmak
küresellik değil, insanlıktır.
Toplumu gönülden görmek
sosyalizm değil, insanlıktır.

94.

Senin nefesin benim nefesimdir,
Benim nefesim senin nefesindir.
Senin mücadelen benim mücadelemdir
Benim mücadelem senin mücadelendir.

Yarada yaşam var,
parada değil.
Dürüstlükte huzur var,
açgözlülükte değil.

Nefesinde mucize var,
kitaplarda değil.
Ruhunda yol var,
camide değil.

Kalbinde kutsallık var,
köktencilikte değil.
Damarlarında kahraman var,
dualarda değil.

Bölüm 33

95.

Gözlerinde günah var,
elbisende değil.
Niyette pislik var,
kıyafette değil.

Bu dünyaya biz insan olarak geldik,
Bu dünyadan biz insan olarak gidiyoruz.
Neden tüm yolculuğu hayvan gibi yaşıyoruz?

Sen benim özgürlüğümün anahtarısın,
Sen benim sakinliğimin anahtarısın.
İşte böyle insan olacağız, birbirimizi
kıskanarak değil, birbirimize destek olarak.

Birbirimize çapa olalım,
Birbirimize köprü olalım.
Denizler fırtınalı olduğunda,
Birbirimize göz kulak olalım.

96.

Batıl inançlılar asla yaşamaz,
Akıllılar biraz yaşar,
Ama aşıklara ölüm yok.

O yüzden, batıl inançlardan vazgeç,
biraz akıllı ol, ve her şeyin
ötesinde, cesur bir aşık ol.

Ama unutma,
beden sevgisinden bahsetmiyorum,
ruh sevgisinden bahsediyorum.
Sadece sevdiğini sevmekten bahsetmiyorum,
dünyayı sevmekten bahsediyorum.

Sevdiklerini sevmeyi herkes bilir,
Dünyayı sevmek gerek.
Sevdiklerini savunmayı herkes bilir,
Dünyayı savunmak gerek.

97.

Zihin, beden, ruh, hepsi aynı.
Fakat bundan daha önemlisi şu.
Zihin, toplum, dünya, hepsi aynı.
Aile, komşu, kâinat, hepsi aynı.

Bunu anladığın gün dünya değişecek,
Bunu fark ettiğin gün barış gelecek.
Bunu anladığın gün uyum doğacak,
Bunu fark ettiğin gün medeniyet gelecek.

Mahallenin mutluluğunda kendini ara,
Topluma adalet gelecek.
Dünya mutluluğunda kendini ara,
Dünyaya barış gelecek.

Kendini ara - kendini ara,
Kitaplarda değil, kalplerde ara.
Kendini silerek kendini ara,
İnsanların gülüşünde kendini ara.

Bölüm 34

98.

Başka peygambere gerek yok,
Dünyanın tek peygamberi sensin.
Eski bir paşaya gerek yok,
Dünyanın yeni paşası sensin.

Atatürk görevini yerine getirdi,
Mevlana da görevini yerine getirdi.
Artık görev senin, misyon senin,
Yeni bir dünya kurmanın zamanı geldi.

Her neslin bir Mustafa'ya ihtiyacı vardır,
Senin neslinin Mustafa'sı sensin.
Her neslin bir Mevlana'ya ihtiyacı vardır,
Senin neslinin Mevlana'sı sensin.

Ölümden uyan, hayata dön,
Yeni fikirlerle yeni toplum inşa et.
Kendi gücünü iyi bil ey insan,
Sende kâinat var, sende kıyamet.

99.

Hayat nedir, İnsan nedir?
Geçmişte bulamazsın.
Cevap şimdiki zamanda yatıyor,
Bütün zamanların hayatı sensin.

İnsan nedir,
ne değildir,
karar senin.
Hayat nedir,
ne değildir,
karar senin.

Kimsenin seni zincirlemesine izin verme,
Hayatının kralı sensin, başkası değil.
Atalarını geçmişte bırak,
Atalarının kaderi senin kaderin değil.

Bilgisayar değil, insan ol!
Kukla değil insan ol!
Kör inançtan vazgeç,
Sonsuzluğun kaşifi ol!

100.

Atalar hayatının parçası,
Onlara hakaret etme.
Ama hayatının kralı değiller onlar,
Onlara körü körüne itaat etme.

Ataların hatalarından ders al,
Ve şimdiyi dikkatle gözlemle.
Uyanık ol, hayatta ol,
Kimseye bağlılık sözü verme.

Vicdan kraldır,
Aşk kraldır.
Yalnız aşka bağlılık sözü ver,
İnsanlığın vicdanı sensin.

Hastalığı tedavi etmek için
doktor olmak gerekir.
Haksızlığa karşı durmak için
insan olmak yeterli.

www.ingramcontent.com/pod-product-compliance
Lightning Source LLC
Chambersburg PA
CBHW021352150726
47989CB00005B/2214